Agénor de Gasparin

Emancipation des esclaves

Essai

ISBN : 978-1548794934

10 9 8 7 6 5 4 3 2 1

Agénor de Gasparin

Emancipation des esclaves

Essai

Table de Matières

Emancipation des esclaves

Mon point de départ sera un lieu commun ; et je l'avoue sans honte, car je tiens que les vérités anciennes, claires et incontestées, ne sont pas les moins bonnes. Celle que je présente ici, comme la base de tout mon système, peut s'exprimer en ces termes vulgaires : « On ne doit donner la liberté qu'aux hommes qui sont capables d'en user convenablement. »

Si cet axiome n'a pas besoin d'être prouvé, il est également vrai que lui-même ne prouve rien, tant qu'on le laisse à l'état de formule générale et vague, tant qu'on ne précise pas la nature et l'importance relative des diverses garanties qu'il faut exiger en échange de la liberté.

Ces garanties ne peuvent être que de deux sortes, générales ou individuelles ; et il y a cette grande différence entre les premières et les secondes, que les unes sont toujours incertaines, difficiles à constater, tandis que les autres ne laissent prise ni au doute, ni à l'erreur.

Comment, en effet, apprécier avec justesse le degré de développement d'un peuple ? Comment reconnaître si le point qu'ont atteint quelques hommes est le niveau commun de la masse ? Comment échapper aux détails pour saisir l'ensemble ? Comment établir, sur des données aussi vagues, une moyenne de quelque valeur ?

Qu'il est plus aisé d'avoir à faire à un seul individu, de concentrer sur lui son attention, de chercher dans ses habitudes d'ordre, de travail, dans sa conduite entière, la preuve de son avancement intellectuel et moral !

Or, à cette première différence, vient s'en joindre une autre, non moins grave. S'il est plus facile de se tromper en fait de garanties générales, l'erreur y est aussi bien plus dangereuse et plus funeste. Il importe assez peu que quelques individus soient appelés prématurément à la jouissance de la liberté. La même imprudence, commise à l'égard d'une race entière, peut avoir des suites incalculables. Les garanties personnelles sont donc les seules qui ne laissent subsister ni incertitude, ni péril. Elles sont donc les seules sérieuses, les seules réelles. Cette simple remarque nous permet de faire un pas considérable vers la solution. Les affranchissements en masse, à jour fixe, sont inconciliables avec les garanties personnelles, et par cela même, ils sont condamnés à n'être que des témérités, que le succès peut couronner parfois, sans les absoudre. Il y a plus, ces affranchissements sacrifient les garanties générales comme les garanties individuelles ; et il ne peut en être autrement, car la pensée qui les a conçues n'est pas de celles dont on peut ajourner la réalisation. C'est une pensée impatiente qui se hâte vers le but, sentant bien qu'il lui a suffi de paraître pour tout ébranler, pour mettre tout en question, et qu'une conclusion telle quelle est encore préférable au provisoire inquiet et menaçant qu'elle a établi.

Eh bien ! qu'on ne l'ignore pas, les garanties générales demandent pour naître et s'affermir, autant d'années que les garanties personnelles. Elles demandent plus de patience encore ; car, dans ce système, chaque jour n'amène pas ses résultats ; l'esclavage ne décroît pas sans cesse, et pour avoir la gloire de l'anéantir d'un seul coup, il faut renoncer à ces succès de détail, qui soutiennent le courage et donnent la force d'attendre.

Qu'arrive-t-il ? c'est qu'on n'attend pas, qu'on ne prépare rien, qu'on n'exige aucune garantie d'aucun genre, et qu'on viole ouvertement la maxime fondamentale, que j'ai citée en commençant, et qui, pour être admise, par tout le monde en théorie, n'en est pas plus respectée dans la pratique.

C'est avec regret que j'écris ces lignes. Je voudrais que les affranchissements généraux fussent possibles. J'éprouve, moi aussi, ce premier sentiment irréfléchi, qui porte à répudier toute tentative partielle, comme une sorte d'impiété. Je me sens prêt à déclarer, sans autre examen, que, dans une question si élevée, quand il s'agit d'expier une grande iniquité, de restituer à la dignité de l'homme ses droits inaliénables, toute demi-mesure est odieuse, toute réparation incomplète est une offense de plus : mon cœur se révolte à cette seule pensée. Mais ma raison parle à son tour ; elle me dit que l'affranchissement individuel, qui serait injuste et révoltant, s'il s'adressait aux uns plutôt qu'aux autres, s'il faisait de la liberté une faveur, une exception, ne manque ni de grandeur, ni de dignité, quand il la met à la portée de tous, quand il donne à tous les mêmes moyens d'y atteindre, quand il contient le germe d'une véritable émancipation générale, plus prudente et plus réelle à la fois que celles qui portent ce nom. Elle me dit que l'affranchissement individuel n'est lent qu'aux mains de ceux qui ne veulent pas s'en servir ; qu'il est facile de concilier les garanties exigées par l'intérêt commun des maîtres et des esclaves, avec les justes impatiences de l'opinion. Elle me dit que les affranchissements généraux ne sont pas moins lents, quand on les prépare ; que, d'ailleurs, le temps est, dans les affaires humaines, un puissant élément de succès ; qu'il faut savoir s'en servir, et ne pas prétendre à faire en un jour, aux Antilles, ce que l'antiquité et le moyen-âge ont mis des siècles à accomplir parmi nous.

Mais on adresse aux affranchissements individuels un autre reproche, au moins singulier, le reproche d'imprudence. On les accuse de compromettre le principe même qu'ils ont mission de garantir. On peint cette inquiétude vague qu'excite la présence des nouveaux libres parmi ceux qui ne le sont pas encore, ces espérances qui peuvent devenir des exigences, ce relâchement général de tous les liens, cette condamnation publique de la servitude. On s'écrie qu'un tel état de choses ne peut durer, et que le désordre moral, introduit dans les sentiments, dans les idées, dans les habitudes, ne peut amener qu'un résultat, le désordre matériel.

Bien que ce tableau soit exagéré, je conviendrai sans détour que les affranchissements individuels doivent altérer le respect dont l'autorité des maîtres a été environnée autrefois. J'en conviendrai, mais en ajoutant que tous les systèmes produisent nécessairement le même effet, et qu'aucun ne le produit à un degré moindre que celui dont il est ici question, par cela seul qu'il organise les moyens légitimés d'atteindre à cette liberté, qu'il présente aux yeux des esclaves, et que jamais (notre expérience journalière le prouve), on n'envahit par la violence ce qu'on peut obtenir par les voies légales. Non, je ne connais pas de moyen de supprimer l'esclavage sans le discréditer ; je ne connais pas de moyen d'accomplir une révolution immense sans ébranler les anciens principes. Mais je connais deux moyens infaillibles de convertir en une commotion funeste cet inévitable ébranlement. Le premier consiste à suivre la marche adoptée jusqu'à présent dans nos îles, à accorder assez de liberté, par les affranchissements volontaires, pour éveiller des besoins de changement, et trop peu pour donner satisfaction à ces besoins ; à faire naître des espérances, sans présenter en même temps les moyens de les réaliser ; à produire le mal sans apporter le remède.

Agénor de Gasparin

Le second consiste à annoncer une émancipation générale, une émancipation qui promet la liberté à jour fixe, qui la promet sans exiger de garanties, comme un droit, non comme une récompense.

En vérité, rien ne me surprend plus que la prétention de ceux qui préconisent ce dernier système comme le moins aventureux et le plus sûr. Qu'on l'attribue à un mouvement irrésistible de justice ou de générosité, j'y consens, quoique je sois disposé à en trouver la source dans un sentiment moins noble, dans cette faiblesse de cœur, qui, plus capable d'un grand sacrifice que d'un effort continu, nous porte à en finir au plus vite avec les difficultés dont la solution prévoyante exigerait trop de soins et de persévérance, et peut-être aussi dans la vanité nationale, qui trouve mieux son compte à une révolution éclatante qu'à une transformation progressive et inaperçue. Mais penser que la prudence est entrée pour quelque chose dans son adoption, je ne le puis ; car les règles de la prudence y sont toutes violées, et à plaisir.

Non-seulement il ne veut ni ne peut exiger aucune garantie individuelle ou générale, et se met ainsi à la discrétion du hasard ; il va plus loin. Il provoque lui-même les dangers. Il organise les obstacles. Il prépare les collisions.

La différence de race qui sépare les maîtres des esclaves, est une des difficultés principales que présente l'abolition de l'esclavage moderne. Par elle, la distinction d'origine se continue par-delà l'affranchissement, le noir libre conserve les marques indélébiles de sa servitude, et la couleur est un signe éternel de ralliement, qui menace de réunir l'un des deux peuples contre l'autre.

Ce péril ne pourrait disparaître entièrement que le jour où une race mixte, la race mulâtre, tenant à la fois des noirs et des blancs, viendrait s'interposer et amortir les préjugés ou les haines, en confondant les origines. Faut-il espérer que cette race se forme dans nos colonies ? Je ne le pense pas ; les mulâtres, à mon avis, y seront toujours en trop petit nombre pour exercer sur les évènements qui se préparent une influence décisive. Mais, à leur défaut, il est possible, il est facile de créer peu à peu une autre race, mixte aussi, et moralement mulâtre, s'il m'est permis de hasarder cette expression. Je veux parler des affranchis. Les noirs libres appartiennent à la race esclave par la couleur, à la race blanche par la liberté. Ils ont des intérêts, des sympathies, des alliances dans les deux camps. Appelés individuellement à la jouissance des droits qui sont réservés aux maîtres, ils s'habituent insensiblement à ne plus se regarder comme étrangers à leur cause ; et cependant la communauté d'origine les rattache toujours à leurs anciens frères.

Qui ne voit tout ce qu'a de rassurant l'existence de cette classe moyenne, de cette transaction vivante entre deux partis si peu disposés à transiger ? Qui ne voit que le temps et les affranchissements individuels peuvent seuls la créer ?

C'est ici que se manifestent le plus clairement la fausseté et la folie du système d'émancipation générale. Au lieu de créer une classe mixte, il réunit les noirs pour les mettre en présence des blancs. Au lieu de s'adresser aux individus, il s'adresse à la race. Il groupe ces hommes qu'il fallait diviser. Appelés le même jour et par le même acte à la liberté, ils n'oublieront pas qu'ils sont un même peuple, et que la même nation blanche leur avait imposé une même servitude.

Tel est le jugement *à priori* que ma raison porte sur les affranchissements généraux. Il est temps d'interroger l'histoire et d'étudier les grands exemples d'émancipation, afin de contrôler les raisonnements par les faits.

J'ai dit, les grands exemples d'émancipation, et c'est avec intention que j'ai parlé ainsi ; car les affranchissements qui n'ont lieu que sur une petite échelle réussissent toujours, ou du moins ne laissent dans la vie des peuples aucune trace visible et durable de leur insuccès. Je n'ai donc pas à m'occuper des actes plus ou moins imprévoyants par lesquels les états du nord de l'Union, et plusieurs républiques américaines, ont aboli l'esclavage dans leur sein ; je n'ai devant moi que trois grandes expériences : celle du christianisme, celle de la convention, et celle, encore inachevée, de l'Angleterre.

La première est bien connue, et ne peut être invoquée contre mon opinion, puisqu'elle s'est exclusivement opérée par les affranchissements individuels. On sait que les chartes de liberté du moyen-âge étaient toutes personnelles, et j'ajouterai qu'il ne pouvait en être autrement. Il est de l'essence du christianisme de s'adresser à chaque homme en particulier, de pénétrer les consciences une à une, et de préférer le moyen lent de la conversion successive des âmes aux modifications législatives qui agissent sur les masses et soumettent les résistances isolées. Il est de l'essence du christianisme d'accepter toutes, les formes politiques et sociales, de ne pas les attaquer de front, mais de changer peu à peu les mœurs, en sorte que les libertés publiques naissent un jour de ces dogmes qui avaient accepté le despotisme, en sorte que l'abolition de la servitude est la conséquence naturelle de cette foi, qui avait poussé le respect des institutions serviles jusqu'à déposer un évêque esclave.

Voilà la marche du christianisme. Aussi rien ne ressemble moins à un affranchissement général que cette prudente initiation des hommes d'alors aux principes et aux habitudes de l'égalité. D'abord le christianisme s'occupe des affranchis ; il oublie leur ancienne condition ; il en fait des diacres, des prêtres ; il efface les distinctions humiliantes. Puis, il fait aux esclaves une famille ; il consacre leur mariage par des cérémonies solennelles. Les esclaves sortent ainsi de la classe *des choses*, ils redeviennent hommes ; et, de ce moment, la loi civile s'empare de la révolution que le christianisme a commencée. Elle reconnaît entre leurs maîtres et eux des contrats de métayage, impossibles sous l'empire des vieilles idées ; elle détruit enfin la servitude personnelle, et de l'esclave elle fait un serf.

Si le christianisme a procédé par affranchissements individuels, la convention n'a pas suivi la même marche ; c'est en un seul article, et en un article fort simple, fort court, qu'elle a proclamé la suppression de l'esclavage. Il est vrai qu'une autre loi, dans un autre article également simple et court, donne à la fois le commentaire le plus clair de la première, et le résumé le plus admirable de ses résultats.

Le décret du 18 pluviôse an II avait dit : « L'esclavage est aboli dans toutes les colonies françaises. »

Un an plus tard, la loi du 5 thermidor an III ajoutait : « Dans toutes les colonies françaises les cultivateurs seront tenus de continuer leurs cultures. »

J'ai voulu signaler ce rapprochement dès l'abord, pour appeler l'attention sur la véritable portée de l'affranchissement général proclamé en l'an II. Nous allons voir qu'il n'a pu donner ce qu'il promettait : la liberté. Nous allons voir que, partout, dans Saint-Domingue libre, comme dans la Guiane gouvernée de loin par la France, comme dans la Martinique et la Guadeloupe, avant l'invasion des Anglais, partout, on comprit que la liberté ainsi proclamée sans préparation, sans garanties, serait la source de désordres incessants et entraînerait l'abolition définitive du travail. Nous allons voir qu'on fit la loi menteuse, qu'on retira d'une main ce qu'on se vantait d'accorder de l'autre, et que, néanmoins, on ne put éviter les secousses, les souffrances et les périls que les émancipations générales traînent à leur suite.

Je sais que le décret de pluviôse an II ne doit pas supporter seul la responsabilité de cette crise ; je sais que l'agitation avait commencé dans nos colonies dès l'époque où elles avaient connu le décret rendu par l'assemblée constituante, le 3 juillet 1789, décret qui admettait la proposition rejetée l'année précédente par le conseil d'état, d'accorder une députation aux colons de Saint-Domingue ; je sais qu'un autre décret de la constituante, celui du 29 mai 1791, en accordant les droits de citoyens actifs aux hommes de couleur nés de père et mère libres, avait achevé de mettre aux prises les deux races, qui, l'une et l'autre, avaient appelé les esclaves à leur secours.

Je sais qu'au moment où la convention vota son fameux décret, le bouleversement était déjà complet dans nos îles, que les Bellegarde et les Ignace avaient déjà commis à la Guadeloupe les mêmes attentats que commettaient à Saint-Domingue les Jean-François et les Biassou. Je sais que déjà le Cap était incendié ; que déjà les commissaires français avaient promis la liberté à tous les esclaves qui viendraient se ranger sous les bannières de la république ; que déjà on avait ouvert, dans tous les quartiers de Saint-Domingue, ces registres qui reçurent la signature d'un si grand nombre de propriétaires d'esclaves, consentant à leur liberté.

Je sais aussi que, parmi les souffrances et les malheurs de Saint-Domingue, en particulier, il en est peu qui ne puissent s'expliquer par des circonstances étrangères au fait même de l'affranchissement ; qu'ainsi, malgré l'expédition anglaise, et jusqu'à la déplorable descente de Leclerc, la vie et la propriété des colons furent protégées, la suzeraineté de la France reconnue ; que le directoire envoyait à Toussaint-Louverture un sabre d'honneur et une paire de pistolets ; que Bonaparte lui écrivait, en 1800 : « Si le pavillon français flotte sur Saint-Domingue, c'est à vous et à vos braves noirs qu'on le doit. »

Agénor de Gasparin

Je prends la constitution adoptée par Saint-Domingue en 1801, et j'y lis : « Il faut tranquilliser les propriétaires absents sur la sûreté de leurs propriétés ». Je lis plus loin : « Dans l'impossibilité où se trouve la France, engagée dans une guerre avec les puissances maritimes, de venir elle-même au secours de la colonie, l'assemblée législative a résolu de soumettre au gouvernement de France une constitution appropriée à ses besoins » ; et plus loin encore : « La propriété des colons non émigrés, ou avant obtenu leur radiation en France, est garantie. »

Je reconnais que les atrocités commises par les noirs, en 1802, furent provoquées par d'autres atrocités, moins excusables peut-être. Je ne veux point chercher à qui il faut demander compte de tout le sang versé à cette époque. Je ne me demande pas si le décret qui rétablit l'esclavage et la traite n'était pas déjà rédigé quand le premier consul donnait ordre à l'expédition de mettre à la voile. Quoi qu'il en soit, je ne suis point surpris de voir l'industrie et l'agriculture languir et s'arrêter quelque temps sur une terre désolée, dans un pays qui est obligé d'écrire dans sa seconde constitution, celle de l'empereur Dessalines : « Au premier coup de canon d'alarme, les villes disparaissent, et la nation est debout ! »

Ce qui me surprend, au contraire, c'est qu'un gouvernement quelconque, une agriculture et une industrie quelconques, aient pu survivre à de tels bouleversements ; c'est que Saint-Domingue puisse payer une partie quelconque de cette indemnité par laquelle elle acheta, en 1826, sa reconnaissance, indemnité qu'elle n'aurait pu solder entièrement à aucune époque, puisque ayant 1789, et aux jours de sa plus grande prospérité, ses produits bruts annuels se vendaient 145 millions, qui, représentant un profit net du dixième au plus, n'indiquent pas que son revenu dépassât alors 14 millions.

Je ne compte donc pas m'armer des désastres de Saint-Domingue contre le système des émancipations générales. Trop d'éléments divers sont venus compliquer la situation de cette île, pour qu'il soit possible de déterminer la part de ce système dans les souffrances qui ont précédé, accompagné ou suivi son établissement, et dont les traces ont été si bien effacées depuis. Autant en dirai-je de la Martinique et de la Guadeloupe, où la guerre étrangère vint modifier ou interrompre l'expérience de la convention. Quant à l'île Bourbon, je n'ai rien à en dire, car l'assemblée coloniale refusa d'exécuter le décret de pluviôse an II, et maintient les noirs dans l'obéissance. Mais ce que je veux faire remarquer, à Saint-Domingue comme à la Martinique et à la Guadeloupe, c'est cette législation locale qui, sous le titre modeste de *Règlements relatifs à la police rurale*, établit uniformément, le lendemain de l'affranchissement une restriction considérable de la liberté.

Ces règlements, promulgués dans les trois îles par les commissaires mêmes de la convention, proscrivaient d'abord le vagabondage avec une extrême sévérité, et désignaient comme vagabond tout homme *non propriétaire et non engagé*. Ils fixaient ensuite les conditions *forcées* du contrat d'engagement, et la part qui devait appartenir, soit au propriétaire, soit à l'engagé, dans les produits des plantations. Enfin, les gouvernements successifs d'Haïti, qui ont conservé avec le plus grand soin ces germes de contrainte déposés sur le sol de l'île par les hommes qui se sont vantés de l'affranchir, les ont complétés depuis, en rendant plus profonde encore la distinction légale établie dès l'origine entre les propriétaires et les engagés, ou cultivateurs, et en exigeant que, pour passer de la seconde classe dans la première, on acquière une quantité de terrain déterminée, et assez considérable pour que l'on ne quitte pas aisément la condition de travailleur au service d'autrui.

Ainsi, tout homme qui ne possède pas une plantation d'une certaine étendue est cultivateur ; tout cultivateur doit travailler chez un propriétaire, sous peine d'aller en prison ; et les conditions mêmes de ce contrat obligé sont réglées par la loi.

Voilà, la liberté donnée, à Saint-Domingue, par l'affranchissement général de l'an II. Voilà la liberté que produirait aujourd'hui encore un affranchissement général proclamé dans nos îles. Quelle est, en effet, la première condition réclamée au nom de nos colons ? C'est une loi spéciale sur les vagabonds. M. de Las Cases vient de le déclarer à la tribune de la chambre des députés. Or, nous connaissons le véritable sens des lois sur le vagabondage.

Je reconnais, au reste, qu'un tel régime dépouille l'esclavage de ses caractères les plus odieux. Il donne aux esclaves une personnalité civile, une famille, une propriété. Mais il conserve le travail forcé ; il crée un état mixte qui n'est pas l'esclavage, et qui n'est pas le servage non plus, car, d'un côté, les engagements sont temporaires, et, de l'autre, le travail est imposé par la loi.

Au reste, l'exemple de la Guiane, dont nous allons nous occuper à présent, est bien plus positif encore que ceux de la Martinique, de la Guadeloupe et de Saint-Domingue. Nous avons l'avantage de pouvoir l'étudier dans tous ses détails, tandis que l'invasion anglaise a interrompu les expériences de la Guadeloupe et de la Martinique, et que l'isolement prolongé d'Haïti ne nous permet pas de suivre avec certitude toutes les parties de son histoire, ou de pénétrer dans tous les éléments de sa législation.

A la Guiane, au contraire, des actes publics, nombreux, qu'un ancien magistrat de Cayenne, M. Armand, a pris soin de recueillir, permettent d'apprécier toutes les conséquences d'une émancipation proclamée, accomplie, révoquée par le même gouvernement, dont les résultats ont eu huit années pour se développer, et n'ont pu être gravement modifiés par l'intervention momentanée d'une puissance étrangère.

Après avoir rendu le décret de l'an II, la convention jugea qu'il était nécessaire *d'organiser la liberté* dans le département de la Guiane française. Elle y envoya le neveu de Danton, le citoyen Jeannet. Le premier acte de ce commissaire fut une proclamation qui déclarait vagabond tout individu non propriétaire et non engagé. C'est le même système que nous avons vu se produire dans les autres colonies : les engagements ordonnés sous peine de prison.

Il paraît que cette mesure fut loin d'atteindre son but, et que le travail fut abandonné par les nouveaux libres ; car nous voyons l'assemblée coloniale prendre, le 16 vendémiaire an III, un arrêté dont les considérans et le dispositif sont également remarquables : « Considérant que la récolte du coton va se perdre, faute d'être ramassée ; considérant que le *service des hôpitaux* de la république a été interrompu ; *voulant assurer à tous les citoyens la précieuse indépendance que donne la nature, et que les vertus et le travail conservent seuls* ; arrête : article premier : Tous les ouvriers cultivateurs sont de ce moment en état de *réquisition.* »

Ainsi les affranchis passaient déjà du régime de l'engagement au régime de la réquisition. Ils se montrèrent fort peu touchés des soins que l'on prenait pour leur conserver la précieuse indépendance que donne la nature ; et l'établissement du nouveau système fut l'occasion de graves désordres.

Le 19 pluviôse an III, l'assemblée coloniale recourt à un autre genre de mesure. Elle fortifie la législation contre le vagabondage et l'indiscipline. Elle arrête un règlement, en vertu duquel tout citoyen qui ne justifie pas d'un travail ou métier quelconque, doit être emprisonné comme vagabond. La paresse, l'indiscipline, sont punis par les arrêts, les amendes, la privation du salaire, *la barre* (espèce de gêne), et ces peines sont prononcées par le *propriétaire*, le *conducteur des travaux*, ou le conseil de discipline, composé du *propriétaire*, de deux cultivateurs *à son choix*, et de *deux* au choix de l'atelier. Pour clore dignement ces dispositions, qu'on dirait empruntées au code noir, on a soin de déclarer, dans le jargon du temps, que ce règlement ne doit *préjudicier en rien aux droits naturels de l'homme et du citoyen*.

Et qu'on ne pense pas que ces actes fussent désapprouvés par le gouvernement qui avait aboli l'esclavage. Qu'on ne cherche pas à y voir les écarts d'une autorité locale, qui comprend mal les intentions du pouvoir central ou s'y associe de mauvaise grâce. La convention marchait dans la même voie ; et aux termes de son décret du 6 prairial an III, tous les citoyens et citoyennes qui sont *dans l'usage* de s'employer aux travaux des champs sont *en réquisition* pour la prochaine récolte. Tout refus de la réquisition sera puni *comme crime de contre-révolution*.

La convention donnait aux anciens esclaves le titre de citoyen et citoyenne ; mais elle punissait de mort le refus de travail.

Cependant les nègres, ainsi traqués, avaient cherché un asile dans la qualité de propriétaires. Ils avaient acheté quelques coins de terre, et se croyaient ainsi à l'abri de la réquisition ; d'autres s'étaient réfugiés dans les villes où ils exerçaient les professions de domestiques, de chasseurs ou de pêcheurs. L'assemblée coloniale ne s'arrêta pas devant ces prétextes. Elle prit un arrêté en date du 1er fructidor an III, portant : 1° que tout établissement de culture, formé depuis le 1er messidor, sera évacué, et que les cultivateurs devront contracter un nouvel engagement de services ; 2° que ceux qui présenteront un garant solvable pourront être maintenus, sous peine de prison et d'amende, en cas de mauvais entretien ; 3° que les personnes ci-devant attachées aux travaux des habitations, sont tenues de sortir des chefs-lieux de canton, sous le délai de dix jours.

Mais le temps avait marché en France, et le commissaire civil, qui avait laissé son oncle au faîte du pouvoir, écrasant la Gironde sous la commune, apprit un jour que Danton venait à son tour d'occuper, au tribunal révolutionnaire, la place de Vergniaud ou de Gensonné, et qu'il était monté à l'échafaud en s'écriant : « J'entraîne Robespierre ! Robespierre me suit ! »

Le citoyen Jeannet quitta la Guiane, et laissa l'autorité aux mains du gouverneur-général Cointet. Celui-ci prend, le 28 frimaire an IV, un arrêté, motivé par *l'horrible famine prête à dévorer* la colonie, à cause de l'oisiveté des cultivateurs. Cet arrêté a pour but de mettre en réquisition, sur toutes les habitations abandonnées par leurs propriétaires, et devenues ainsi nationales, tous les citoyens non-propriétaires, qui ne sont point engagés par un traité particulier, signifié à la municipalité. Ils sont soumis à des peines qui peuvent aller, quand il y a résistance aux opérations du gouvernement, jusqu'au transfèrement en France, pour que leur conduite y soit examinée.

Quoique cet arrêté marquât un mouvement rétrograde du régime d'oppression substitué à l'esclavage, qu'il ne parlât de réquisition que pour les propriétés nationales, et qu'il ne fît aucune mention de la peine de mort, les nègres refusèrent de s'y soumettre. Il fallut prendre un arrêté nouveau, aux termes duquel tous citoyens rencontrés en état d'attroupement et armés devaient, s'ils ne se rendaient pas, être réduits par la force des armes et jugés par une commission militaire, chargée de rechercher les auteurs ou complices des complots d'attroupements. Plusieurs exécutions eurent lieu, l'ordre se rétablit.

Pendant ce temps, Jeannet s'était rendu en France. Il y avait trouvé la prédiction de son oncle accomplie ; mais la réaction qui avait suivi la mort de Robespierre avait mal secondé ses prétentions. Il fallut le 13 vendémiaire pour rendre quelque faveur au neveu de Danton ; le directoire, à peine installé, le renvoya en Guiane comme son agent particulier. Il y revint au mois de germinal an IV.

Dès le 2 messidor, il prend un arrêté sur les moyens *d'assurer la liberté par le travail*, et cet arrêté a pour effet de rétablir, au profit de tous les propriétaires, la réquisition que Cointet n'avait ordonnée que pour les propriétés nationales, de fixer la durée du travail dû par chaque ouvrier à chaque propriétaire, le tarif d'après lequel ce travail doit être payé, et les peines sévères qui forment la sanction de ce contrat forcé.

Le 13 messidor an V, Jeannet se félicite, dans une proclamation, des résultats de son arrêté, qui a retiré de l'oisiveté ces hommes *pour qui travail et servitude étaient synonymes la veille.*

Si Jeannet avait profité du 13 vendémiaire pour supplanter Cointet, le citoyen Burnel profita, à son tour, pour supplanter Jeannet, de ce 18 fructidor, qui donna le premier exemple, très bien imité l'année suivante, des déportations à la Guiane. Le nouvel agent arriva le 18 brumaire an VII, et il fut aisé de reconnaître à son langage l'homme imbu des bonnes et pures traditions de 1793. « Quant à moi, dit-il en arrivant, je vous le déclare, *le travail ou la mort !* En cas de nouveaux troubles, il sera créé une commission militaire, devant laquelle seront traduits *tous les cultivateurs qui refuseront d'obéir aux chefs d'ateliers.* Cette commission prononcera *des peines capitales.* »

Nous voilà revenus au régime qui assimile le refus de travail au crime de contre-révolution. Nous allons faire un nouveau pas. De la réquisition, nous allons passer au confinement.

L'arrêté du 16 frimaire an VII vaut la peine d'être lu : « Par le motif, dit-il, que les cultivateurs, *s'ils ne sont pas sagement et fortement dirigés*, seraient portés, par la *facilité de se procurer les choses de première nécessité*, à laisser la colonie sans moyens d'existence, il est arrêté : Tous les cultivateurs sont mis en réquisition. *Pendant deux années, ils ne pourront sortir de l'habitation où ils sont actuellement employés.* »

Le 9 nivôse an VII, arrêté semblable pour les domestiques : « Tous les domestiques actuellement employés sont *engagés pour un an.* Ceux qui n'y voudront pas consentir, seront tenus d'aller travailler sur une habitation, *où ils resteront en réquisition pendant deux ans.* »

L'exécution de ces mesures fut troublée par la menace de l'invasion anglaise. Il fallut appeler le tiers des cultivateurs à la défense de la colonie. Une tentative d'insurrection eut lieu, et elle était à peine réprimée, quand la nouvelle révolution du 18 brumaire amena son représentant en Guiane, comme l'avaient fait avant elle le 13 vendémiaire et le 18 fructidor. Le choix des consuls fut significatif ; il indiqua clairement la pensée, déjà arrêtée dans l'esprit pratique de Bonaparte, de mettre un terme à cette comédie libérale, et de rétablir ouvertement l'esclavage, que l'on avait tant de peine à maintenir sans l'avouer.

Victor Hugues, qui s'était fait connaître à la Guadeloupe par une fermeté souvent cruelle, vint remplacer Burnel à Cayenne, le 9 nivôse an VIII. En arrivant, il publia la proclamation si connue des consuls : « La constitution de l'an III périssait… » Une autre publication ne tarda pas à suivre celle-là, et la loi du 30 floréal an X annonça aux nègres de la Guiane que l'esclavage était maintenu dans les colonies françaises, conformément aux lois et règlements antérieurs à 1789.

Un tribunal spécial fut créé. C'était une précaution inutile, et déjà les vieux usages, interrompus depuis huit années, avaient repris tout leur empire, quand un arrêté des consuls, en date du 16 frimaire an XI, vint organiser l'application de la loi du 30 floréal, en déclarant que les individus portés sur les rôles d'une propriété y sont attachés irrévocablement, et ne peuvent, ni s'y soustraire eux-mêmes, ni en être aliénés arbitrairement par le propriétaire ; que les individus qui sont devenus propriétaires depuis la liberté, et qui n'ont servi, ni comme domestiques, ni comme cultivateurs, ne redeviendront pas esclaves, *à la condition du paiement au maître de leur valeur estimative comme esclaves.*

Depuis cette époque, les noirs de Cayenne ont encore eu un jour de liberté. Ce fut en janvier 1809, quand les Anglais et les Portugais attaquèrent sérieusement la colonie. Mais, le lendemain de la capitulation, le chef du gouvernement portugais, Manoël Marquez, publia une proclamation en ces termes « Tous les nègres esclaves sont tenus de reprendre leurs travaux accoutumés, *sous peine de cent coups de fouet.* » Ce fut la fin, et une digne fin. On ne pouvait mieux clore cette période de liberté.

On me pardonnera d'avoir donné avec tant de développement l'histoire de l'affranchissement général à la Guiane. Cette histoire est instructive, et nous sommes trop heureux de pouvoir l'étudier dans ses moindres détails, grâce aux recherches consciencieuses qui nous en ont conservé tous les documents. Quant à moi, je le déclare, alors même que je ne connaîtrais que l'issue déplorable, honteuse de cette expérience, la seule qui se soit ainsi accomplie au grand jour, sans trouble extérieur, et pendant un espace de temps considérable, je serais certain que la liberté véritable et complète n'avait pas été produite par l'émancipation générale de l'an II. On ne ramène pas deux fois de suite et sans résistance à leur chaîne, des hommes qui ont été réellement libres. Il faut des coups de fusil et du sang versé pour rétablir l'esclavage quand il a cessé d'exister. Mais ici, pour le substituer aux engagements, à la réquisition, au confinement, il a dû suffire d'un ordre de Victor Hugues, ou du fouet de Manoël Marquez.

L'expérience anglaise ne peut être aussi concluante, puisqu'elle n'est pas terminée. Cependant il n'est pas inutile de pressentir, d'après les dispositions mêmes du bill, d'après les résultats constatés jusqu'ici, et consignés dans le rapport adressé en 1835, à lord Glenelg, par M. John Innes, de pressentir, dis-je, les conséquences définitives que doit amener cette grande tentative d'émancipation générale. Si nous voyons se manifester dès aujourd'hui, dans les îles anglaises, ces symptômes alarmants d'abandon des cultures et de dépréciation des propriétés, qui ont provoqué le maintien du travail forcé à la Guiane, comme ils l'avaient provoqué à la Martinique, à la Guadeloupe, à Saint-Domingue et dans toutes les colonies où l'émancipation en masse a eu lieu, il sera permis de supposer que le bill de la Grande-Bretagne doit être aussi impuissant à produire une liberté complète, que l'ont été avant lui les autres affranchissements généraux.

Aucune préparation sérieuse n'a précédé cette grande mesure, et c'est un premier et grave motif de mettre en doute son succès. J'ajouterai que sa généralité ne peut s'expliquer en présence des différences matérielles et morales qui séparent profondément les diverses colonies auxquelles elle s'applique.

N'importe, examinons le bill en lui-même, et dans ses résultats immédiats.

Le bill est fort long, et cependant il ne contient, à vrai dire, qu'une seule et unique disposition l'indemnité des propriétaires. Après avoir déclaré que la somme de 20 millions sterling sera répartie par des commissaires, entre les dix-neuf colonies anglaises, les Bermudes, les îles de Bahama, la Jamaïque, Honduras, les Îles Vierges, Antigues, Montferrat, Hévis, Saint-Christophe, la Dominique, la Barbade, la Grenade, Saint-Vincent, Tabago, Sainte-Lucie, la Trinité, la Guiane anglaise, le cap de Bonne-Espérance et l'île Maurice ; que les commissaires répartiront d'après le nombre et la valeur moyenne des esclaves de ces colonies ; que la sous-répartition, entre les propriétaires de chaque colonie, se fera d'après le nombre des esclaves et la catégorie à laquelle ils appartiennent ; le bill ne s'occupe réellement d'autre chose que de fixer un temps d'apprentissage.

Or, l'apprentissage n'est point, comme on aime à le supposer d'abord, une sorte de transition ménagée entre l'esclavage et la liberté, un moyen de donner aux nègres les lumières, les habitudes, la préparation morale, qui leur manquent. L'apprentissage n'est que le solde, l'appoint de l'indemnité insuffisante accordée aux propriétaires ; c'est le complément de la pensée unique du bill.

S'il en était autrement, le temps d'apprentissage serait plus long ; il serait marqué par des soins plus assidus donnés à l'éducation morale des nègres ; il précéderait l'affranchissement au lieu de lui succéder ; il instituerait surtout le travail libre, qui seul peut mûrir l'esclave pour l'indépendance qu'on lui destine, qui seul peut lui donner le sentiment de son intérêt propre, de sa propre responsabilité, qui seul peut le relever par l'accomplissement d'une tâche volontaire, qui seul peut lui faire aimer cette existence laborieuse, à laquelle il ne saurait renoncer un jour, sans danger pour lui-même et pour les autres. Or, si le bill anglais réserve aux nègres la jouissance d'un jour par semaine pendant l'apprentissage, il les oblige à payer leur houe et leurs outils, avec le prix de ce travail prétendu libre, et, du reste, il ne les excite par aucun intérêt sérieux à employer cette journée que l'usage des colonies leur abandonne depuis longtemps.

Mais le véritable but de l'apprentissage a été clairement indiqué par les discussions anciennes et récentes du parlement. Il a été soutenu au nom des propriétaires, combattu au nom des esclaves. C'est tout dire ; et à défaut des discours officiels, on trouverait une explication suffisante dans le bill lui-même, qui, en établissant une différence de deux années entre la durée de l'apprentissage des domestiques et celle de l'apprentissage des esclaves ruraux ; n'a eu d'autre motif que le service constant des premiers, qui doivent ainsi payer plus promptement à leurs maîtres cet appoint que le trésor a voulu laisser à la charge des noirs eux-mêmes.

Au reste, l'apprentissage, tel qu'il vient d'être établi par le bill, n'est pas une nouveauté dans la législation britannique. Un statut d'Élisabeth avait ordonné que les enfants pauvres seraient placés, jusqu'à un certain âge, chez les fermiers de leur paroisse, et que ceux-ci seraient tenus de leur donner la nourriture et le logement en échange de leur travail. Ce n'était pas un moyen de moralisation ; c'était un marché prescrit par la loi. Eh bien ! la loi a prescrit le même marché aux colonies. Seulement il ne s'agit plus d'enfants, et on suppose que le marché sera assez avantageux aux propriétaires d'esclaves pour qu'ils puissent rabattre quelque chose de leurs prétentions.

Le bill n'a donc eu qu'un seul objet. Régler l'indemnité due aux propriétaires d'esclaves. Il leur a accordé une partie du prix en guinées, l'autre en prolongation du travail forcé. Mais il se trouve que la première partie est beaucoup trop faible, et que la seconde est souvent nulle, ou même onéreuse. De là l'indignation et les cris de détresse de la plupart des colons anglais ; de là, la dépréciation presque universelle des propriétés coloniales. Le but unique du bill n'a pas été atteint. Les propriétaires sont fort mécontents. L'insuffisance de l'indemnité en est-elle seule cause ? C'est ce qu'il est temps d'examiner.

Nous avons des renseignements exacts sur onze des colonies anglaises. Il faut les parcourir rapidement, et leur demander, d'abord, si l'on se montre en général satisfait des résultats déjà connus du bill, et rassuré sur l'avenir ; si en conséquence le prix des propriétés se maintient ; si de nouveaux capitaux sont engagés dans les exploitations ; si l'on néglige, comme inutile, l'appel de travailleurs étrangers. Il faut rechercher ensuite s'il n'existe pas une cause spéciale et indépendante du bill, qui, dans quelques-unes des colonies, explique en tout ou en partie leur situation actuelle. Il faut pénétrer enfin dans les détails de l'exécution du bill, et s'enquérir de l'intérêt que les apprentis attachent au temps de liberté qu'on leur assure, de l'usage qu'ils en font, de l'activité avec laquelle ils s'acquittent de leur travail dans les jours réservés aux maîtres, de leur empressement à faire entrer leurs enfants en apprentissage, enfin, de la conduite des nègres déclarés libres par le bill.

Une analyse succincte établira clairement que, sur les onze colonies, une seule, Antigues, doit à des circonstances entièrement spéciales une prospérité que l'on regrette de ne pas trouver ailleurs ; que trois autres, la Barbade, Saint-Christophe et Sainte-Lucie, ont été préservées jusqu'à présent, et par des causes particulières, de ces symptômes de décadence, qui se manifestent, à des degrés différents, mais toujours avec évidence, dans les colonies les plus importantes et les plus nombreuses, à la Grenade, à la Guiane, à la Trinité, à Saint-Vincent, à Hévis, à la Dominique et à la Jamaïque.

A Antigues, les planteurs ont affranchi, en un seul jour, trente mille esclaves que le bill leur donnait le droit de conserver six années, en qualité d'apprentis ; et depuis l'affranchissement, les baux des terres se sont élevés.

Ces faits en disent plus que toutes les déclarations, plus que tous les témoignages, sur le sentiment de sécurité qui domine dans cette colonie.

Mais, à Antigues, se trouvent réunies les deux circonstances les plus favorables que puisse rencontrer un affranchissement général : l'éducation religieuse et morale des noirs, l'appropriation de toutes les terres.

J'ai dit que l'éducation religieuse et morale des noirs se conciliait mal avec l'impatience ordinaire des affranchissements généraux, et l'exemple d'Antigues confirme bien plus qu'il ne contredit cette assertion ; car ce serait folie que de compter partout sur le zèle volontaire d'une mission aussi active et aussi dévouée que celle des frères moraves. Ce serait folie que de supposer que tous les conseils coloniaux montreraient, pour seconder cette œuvre, l'intelligence et la générosité qui se sont manifestées à Antigues.

J'ai ajouté que rien ne pouvait suppléer les garanties individuelles, et que les soins donnés à la masse des esclaves ne pouvaient créer seuls un état de choses exempt de périls. L'exemple d'Antigues vient encore ici à l'appui de ma pensée ; car l'action religieuse des frères moraves y a trouvé un auxiliaire puissant dans l'accident matériel dont j'ai déjà fait mention, l'appropriation générale des terres.

Pour juger de l'importance de cette garantie, il suffirait de se représenter l'attraction presque irrésistible que doivent exercer sur les nègres ces solitudes inhabitées qui occupent le centre de la plupart des colonies, et particulièrement des nôtres. Là, indépendance absolue ; là, quelques occupations sans fatigue, la chasse, la pêche, le défrichement d'un coin de terre suffisant à l'entretien d'une famille. Partout où existent de semblables refuges, il est bien difficile d'empêcher la dispersion, d'abolir la servitude sans abolir le travail. L'éducation morale et religieuse des nègres serait loin d'écarter entièrement de tels périls.

Lorsqu'au contraire il n'existe pas un seul arpent qui n'ait son propriétaire, la dispersion devient impossible ; le travail forcé survit nécessairement à l'esclavage ; les nouveaux libres restent à la discrétion de leurs anciens maîtres, qui peuvent les rançonner à leur gré, et qui fixent le taux de leur salaire, de façon à ce qu'ils soient obligés, pour vivre, de travailler autant d'heures que s'ils étaient encore esclaves.

C'est précisément ce qui est arrivé à Antigues. Le jour même où ils abolissaient l'apprentissage, les planteurs établissaient d'un commun accord le tarif qu'il leur était permis d'imposer. Ils fixaient à 1 shelling 9 deniers par jour le salaire des ouvriers employés aux sucreries. Il en résultait qu'en travaillant un peu plus de quatre jours, ceux-ci gagnaient leur nourriture de la semaine (les propriétaires fournissant d'ailleurs l'habitation, le jardin et les frais de maladies). Le travail se renferma sur-le-champ dans les limites établies par le tarif. Il fut impossible d'appeler sur les plantations les affranchis qui avaient assuré leur subsistance, et les propriétaires effrayés eurent recours au moyen unique, mais puissant, dont ils disposent encore pour maintenir le travail sur l'ancien pied. Ils annoncèrent l'intention d'abaisser les salaires. Cette simple menace ramena la plupart des nègres. Mais on pense qu'il sera nécessaire de la réaliser bientôt, et de contraindre, par le besoin, ceux qu'on ne peut plus contraindre par le fouet.

Je conclus, d'une part, que le succès n'est pas aussi complet à Antigues qu'on l'a prétendu ; de l'autre, qu'il est dû, en dépit des dispositions du bill et de la généralité de la mesure, à la préparation tout exceptionnelle que la population noire a reçue, et surtout à la circonstance matérielle qui livre cette dernière à la merci de ses anciens maîtres.

Agénor de Gasparin

Je suis d'autant plus autorisé à considérer ce dernier fait comme le plus important et le plus décisif, qu'à la Barbade, où les mêmes soins n'ont pas été donnés à l'éducation religieuse et morale des esclaves, la possession par les blancs de toutes les terres cultivables a suffi pour amener des résultats presque aussi satisfaisants.

Là, comme à Antigues, les noirs se sentent condamnés pour toujours à la condition de prolétaires et de travailleurs ; comme à Antigues, la valeur des propriétés s'accroît, ou tout au moins se maintient. Seulement les colons de la Barbade n'ont pas été jusqu'à l'abolition immédiate de l'apprentissage, et quelques troubles, qui ont suivi la promulgation du bill, ont établi, entre les deux îles, une différence dont il est juste d'accuser le défaut de préparation morale dans la seconde.

A Saint-Christophe, la période d'apprentissage n'a été signalée jusqu'ici par aucune diminution sensible du travail. On attribue cet heureux résultat à la vigueur avec laquelle a été réprimée l'émeute du 8 août, causée par la promulgation du bill. Je ne nie pas l'efficacité d'une telle cause ; je reconnais que les mesures énergiques produisent, sur l'esprit des nègres, une impression profonde et durable. Mais il y aurait une grande imprudence à fonder, sur ce souvenir seul, l'espérance de la continuation du travail, après l'expiration de la période d'apprentissage. Les colons y comptent si peu, qu'ils engagent, dès à présent, des ouvriers européens. Ils trouvent d'ailleurs un avertissement dans le mauvais succès des tentatives faites par la société d'agriculture de Saint Christophe, pour encourager le travail libre sur les sucreries. Depuis plusieurs années, elle promet une prime assez forte à tout ouvrier libre qui aura travaillé pendant six mois, chez le même maître, à la culture ou à la fabrication du sucre. Un seul avait mérité la prime, à l'époque où M. John Innes a visité l'île.

J'aurais plus de confiance au maintien du travail dans l'île de Sainte-Lucie, où une cause, en apparence faible, doit exercer un jour, sur la conduite des nègres libres, la même influence qu'elle exerce dès à présent sur celle des apprentis. Sainte-Lucie a appartenu à la France, et les esclaves ont conservé le goût le plus immodéré pour les parures et les colifichets. Ils ont donc des besoins inconnus à leurs frères des autres colonies, et dont la satisfaction exige des efforts que le soutien de leur existence ne rendrait pas nécessaires. Sous ce ciel brûlant, sur ce sol fécond où les vêtements les plus légers suffisent, où les aliments naissent en foule et sans être sollicités par un long travail, le noir qui a cessé d'être esclave, n'a plus rien à demander à son ancien maître, s'il trouve devant lui des forêts vierges, des terres incultes, et si lui-même ne s'est pas créé des besoins factices. A défaut de l'appropriation des terres, le goût de la parure est la plus forte de ces chaînes que ne brise pas un bill d'émancipation.

La Grenade forme la transition entre les colonies prospères et celles qui ne le sont plus. Quoique le système d'apprentissage y marche mieux que les colons ne l'avaient espéré, on commence à y pressentir les souffrances qui suivront inévitablement l'entrée en jouissance de l'entière liberté, et plusieurs colons parlent de se rendre en Allemagne pour engager des familles de travailleurs.

A Saint-Vincent, le malaise est déjà plus général et plus complet. L'établissement de l'apprentissage y a été marqué par des refus de travail, qu'il a fallu réprimer. On se plaint du mauvais état des cultures, et on est convaincu que plusieurs d'entre elles ne pourront être continuées. Aussi les planteurs évitent-ils toute mise en dehors de capitaux. Des symptômes trop visibles leur interdisent les opérations qui engageraient l'avenir. Aucun enfant au-dessous de six ans n'a été mis en apprentissage, et quant au travail extraordinaire, on ne l'obtient guère que lorsqu'il s'agit du service dans l'intérieur ou autour des bâtiments.

A la Dominique, même inquiétude, fondée sur les mêmes motifs. Bien que l'île ait appartenu aux Français, comme Sainte-Lucie, les nègres n'y sont pas aussi avides de colifichets, et le mauvais emploi de leurs jours de liberté témoigne assez de la simplicité extrême de leurs besoins.

A Hévis, des faits plus graves ont jeté l'alarme parmi les propriétaires. Des pièces de cannes ont été volontairement incendiées, et l'assemblée coloniale pourrait bien, en désespoir de cause, et par un motif fort différent de celui qui a déterminé les colons d'Antigues, proposer la libération immédiate.

A la Guiane, on ne doute pas que la fabrication du sucre ne devienne impossible à l'expiration de l'apprentissage, et l'on s'occupe activement des moyens d'attirer dans la colonie des ouvriers européens.

En effet, les apprentis manifestent, par toute leur conduite, l'intention d'abandonner les cultures pénibles. Dès à présent, on ne peut obtenir d'eux que le tiers ou la moitié des anciennes tâches. Le travail extraordinaire s'achète à un prix excessif ; et telle est l'indifférence des nègres, que beaucoup ont refusé le jour réservé auquel on attache tant de prix dans la plupart des colonies, et ont préféré travailler tous les jours pour leur maître pendant un moindre nombre d'heures. Il y a plus : aucun des nègres déclarés libres par le bill, comme ayant touché le sol anglais, n'a continué à travailler à la terre, et sur 9,873 enfants affranchis par le même acte, aucun n'a été mis en apprentissage.

A la Trinité, les planteurs sont presque unanimes à penser qu'à l'expiration de l'apprentissage il deviendra impossible de continuer les cultures. Ils ont déjà fait venir, pour essayer de combler les vides, des travailleurs de divers pays. Il est vrai que deux circonstances particulières viennent aggraver singulièrement la situation de cette île. C'est, d'abord, le désordre complet de la législation, causé par le mélange des lois espagnoles et anglaises ; c'est surtout l'état d'abandon de la presque totalité du territoire, dont la quatorzième partie est à peine cultivée, et l'existence, dans l'est, d'une tribu considérable de noirs libres, qui provient originairement du licenciement des *Black-troops*, qui s'est grossie ensuite des noirs trouvés sur les bâtiments négriers, et enfin des nègres marrons réfugiés de toutes les parties de l'île. On comprendra sans peine quelle excitation doit exercer sur l'esprit des apprentis le voisinage d'une telle colonie, et l'on ne sera pas étonné d'apprendre que, deux mois après la promulgation du bill, on comptait à la Trinité trois mille marrons sur vingt-quatre mille apprentis. Est-il nécessaire d'ajouter que les nègres libres ne travaillent que pour satisfaire aux besoins les plus restreints, et que les apprentis, afin de mieux annoncer leur résolution de marcher dans la même voie, ont préféré, comme à la Guiane, la diminution du nombre des heures du travail à la jouissance d'un jour réservé ?

Mais l'expérience la plus intéressante à observer est celle de la Jamaïque, car la Jamaïque a une véritable importance. Elle est pour l'Angleterre ce que Saint-Domingue était autrefois pour nous. Le succès à la Jamaïque couvrirait tout, comme l'insuccès à la Jamaïque est la condamnation sans appel de la marche suivie par l'Angleterre. Or, dans cette colonie, personne ne doute plus des déplorables effets du bill. Depuis plusieurs années, les récoltes sont misérables ; la diminution graduelle de la culture du sucre ne permet pas d'espérer qu'elle survive à l'apprentissage ; l'importation des ouvriers européens est encouragée ; par des primes énormes, et la plupart des propriétaires (ce qui est plus. grave) règlent leurs comptes de manière à se retirer de l'île en 1840.

Plusieurs causes spéciales concourent, avec les résultats ordinaires de l'affranchissement général, à rendre entièrement critique la situation de cette île. D'un côté, les plantations appartiennent pour la plupart à de grands propriétaires anglais, dont la présence pourrait avoir l'influence la plus heureuse, mais qui abandonnent leurs intérêts à des procureurs fondés, indifférents au développement moral des nègres, et tout-à-fait impropres à établir quelque sympathie entre les deux races. Ces souverains de bas étage, qui quelquefois régissent ou sont censés régir des propriétés distantes de plus de cent milles et renfermant une population de dix mille âmes, entretiennent à la fois l'ignorance des noirs et leur haine contre les blancs, plus implacable à la Jamaïque que partout ailleurs. Ce n'est pas tout. La haine dont je viens de parler s'était déjà manifestée en 1831, par une grande révolte, et le bill d'émancipation, accueilli dans les autres colonies comme un bienfait, est apparu dans celle-ci comme une véritable conquête, comme une concession forcée de la métropole : différence bien importante et bien regrettable ! Enfin, la Jamaïque a sa colonie noire, ainsi que la Trinité ; elle aussi laisse sans culture la plus grande partie de son territoire, et, dans les retraites inaccessibles de ses Montagnes Bleues, elle voit se former depuis longtemps le noyau d'un peuple libre, qui peut devenir un jour redoutable. Le gouvernement de la Grande-Bretagne (qui le croirait ?) a été obligé de traiter avec le gouvernement des nègres marrons ; il a reconnu son indépendance. La colonie vit en présence de cet ennemi encore obscur, que la libération complète grandira sans doute, et qui menace son avenir.

Je ne m'appesantirai pas sur les considérations que fait naître en foule cette esquisse de la situation actuelle des îles anglaises ; j'ai fait reconnaître ce qui est, et je n'ai pas la prétention de prédire ce qui sera. La Providence réserve peut-être à cette grande et périlleuse tentative une issue plus heureuse que celle qui semblerait probable aujourd'hui. Nul ne le désire plus sincèrement que moi ; mais j'ai dû prouver que les résultats connus de l'expérience britannique étaient loin de contredire les leçons de l'expérience française ; j'ai dû prouver combien il est difficile d'espérer que ce nouvel affranchissement général soit plus capable que ceux qui l'ont précédé de produire à la fois la continuation du travail et de l'ordre, et une liberté complète.

A quoi bon, me dira-t-on, à quoi bon une liberté complète ? Les affranchissements généraux seront-ils proscrits par ce seul motif, qu'ils ne peuvent établir sur-le-champ une égalité entière entre les blancs et les noirs ? Oui, je le déclare, ce motif (et il n'est pas seul) suffirait pour m'empêcher de recourir aux affranchissements généraux.

C'est dire assez que je ne puis adhérer ni au système de tutelle avec engagements à terme, recommandé par la Société de la Morale chrétienne, ni au système des curatelles, proposé depuis, ni même au système de métayage, présenté avec tant d'autorité et de science par M. de Sismondi. Oui, tout en reconnaissant les services que peut rendre le contrat libre de métayer, substitué à l'esclavage ; tout en admettant la convenance qu'il y aurait à faciliter ce genre de convention entre l'ancien maître et le nouvel affranchi, je ne puis me résigner à le rendre obligatoire, parce que ce serait restreindre la liberté, et que rien ne me parait plus dangereux.

Ce serait assez, pour justifier cette répugnance, de ce qui se passe de nos jours dans nos propres colonies. Là, on n'accordait autrefois que des libertés incomplètes. L'esclave affranchi ne montait pas au niveau du blanc ; il ne jouissait pas des mêmes droits et des mêmes prérogatives. Qu'en est-il résulté ? Que la classe de couleur, méprisée par la classe blanche, cherchait à se distinguer de la classe noire, en repoussant les travaux qui auraient semblé fortifier une assimilation conservée implicitement par les lois. En abrogeant ces lois, en rétablissant l'égalité absolue, on a plus fait qu'on ne se l'imagine pour la bonne harmonie des races, pour la conservation du travail dans nos îles, et pour la solution future du problème d'émancipation.

Examinez les ressorts les plus intimes de notre nature morale, consultez l'expérience de tous les peuples et de tous les temps, et vous reconnaîtrez ce qu'a de périlleux et d'insensé la concession d'une liberté incomplète, d'une liberté qui marche sans l'égalité. Voilà des hommes à qui vous avez donné des droits, des forces, des moyens d'action qui leur manquaient autrefois, et vous prétendez qu'ils n'useront ni de leurs droits, ni de leurs forces, pour renverser l'impuissante et ridicule barrière placée entre eux et vous, et vous ne craignez pas que leur effort pour la briser ne les entraîne au-delà du but !

Que sera-ce, si ces hommes sont d'une autre race que vous ; si l'injure ne s'adresse plus aux individus, mais à la race ; si votre loi ne signifie plus seulement : « Tu ne seras pas mon égal, parce que tu as été esclave ; » mais « tu ne seras pas mon égal, parce que tu es noir ! » Que sera-ce si vous parquez ainsi, si vous réunissez contre vous ces hommes, qui seront redoutables tant qu'ils ne vous seront pas assimilés !

Je comprends que l'inégalité ait pu se maintenir à Saint-Domingue. Tous sont de la même race ; le propriétaire est noir comme le travailleur. Bien plus, tous ont été esclaves. Dès-lors, rien d'injurieux dans les institutions établies par la loi, parce qu'elles ne sont fondées sur aucune distinction originelle et ineffaçable. Point de barrière à renverser, parce que tous peuvent monter au rang de propriétaire, parce que tous peuvent descendre au rang de travailleurs. Mais chez nous, classer les affranchis, c'est les ranger en bataille. C'est le vice inévitable des affranchissements généraux, de demander à l'homme de couleur les garanties qu'il n'a pas su demander à l'esclave, de placer après la liberté ce qu'il fallait mettre avant.

Le système des affranchissements individuels évite cet écueil. Il ne promet rien qu'il ne tienne ; il ne produit pas, sous le nom d'hommes libres, des incapables, des mineurs, mais des citoyens. Quelle méfiance aurait-il à conserver contre ces noirs qui ont fourni une à une toutes les preuves de leur moralité, de leur activité, de leur aptitude, et qui viennent seuls, pauvres et nus, se perdre dans une foule à laquelle ils ne demandent que l'oubli de leur origine ? Il peut leur donner, au lieu des habitudes fausses et serviles de la demi-liberté, au lieu de la paresse et des vices qui sont le partage de toutes les classes suspectes, au lieu de ces mœurs sans énergie et sans noblesse des affranchis d'autrefois, il peut leur donner une éducation que rien ne remplace, parce que seule elle instruit des devoirs par l'exercice des droits, et fait naître ce précieux sentiment de la dignité humaine, inséparable du sentiment de la responsabilité, l'éducation de la véritable indépendance.

Quelqu'un serait-il tenté de soutenir que les affranchissements individuels sont aussi impuissants que les affranchissements généraux à produire la liberté complète, et voudrait-il appuyer cette assertion sur l'exemple des affranchissements individuels de Rome et du moyen âge ? Je répondrais qu'à la vérité, l'affranchi romain devenait client, et que l'affranchi du moyen âge devenait serf ; mais que dans cette position ils se trouvaient au niveau du peuple d'alors ; qu'ils obtenaient, dans le sens de la civilisation de ce temps, une liberté complète. A Rome, le patronat était la relation ordinaire, générale, et il n'était point nécessaire d'avoir passé par l'esclavage pour se trouver client d'un patricien, à une époque où Lacédémone était cliente des Claudius, où les Marcellus rangeaient la Sicile sous leur patronat. Autant en dirai-je des affranchis du moyen âge. Qu'en aurait-on fait, sinon des serfs ? Fallait-il pour leur donner une liberté complète, les élever au rang de seigneurs ? non. Ils entraient naturellement dans la condition du grand nombre. Et c'est ce que je réclame aujourd'hui pour nos esclaves : ne leur imposez pas le servage par respect pour les traditions historiques, car ce serait prendre l'histoire à contre-sens. Les affranchissements individuels doivent faire aujourd'hui des citoyens, en vertu du même principe qui faisait autrefois des serfs ou des patronnés.

J'ai dû établir avec force les motifs qui m'obligent à repousser le système des affranchissements généraux. C'est, en effet, la question la plus grave peut-être que présente le problème de l'émancipation. De sa solution dépend tout le reste ; et ici, choisir son point de départ, c'est s'engager sans retour dans l'une ou l'autre de ces voies si différentes, qui sont censées conduire au même but. Dans ce choix décisif, je n'ai pas dû écouter le premier mouvement de mon cœur, mais les avertissements de ma raison. Il est vrai que J'ai été bientôt dédommagé de ce sacrifice, car il arrive rarement, Dieu merci, que le cœur et la raison fassent un long divorce, et je n'ai pas seulement trouvé, dans le système des affranchissements individuels, les garanties que ma prudence exigeait ; j'y ai trouvé la satisfaction plus complète de mes vœux de liberté, de mes profondes sympathies pour la classe esclave.

On me reprochera peut-être d'avoir passé sous silence un des motifs qui pourraient sembler les plus propres à déterminer les esprits en faveur de mon système, de n'avoir pas parlé des répugnances si vivement manifestées par les colons contre les affranchissements généraux ; répugnances que ne saurait exciter un système qui cherche sa base dans les usages mêmes des colonies, qui ne hasarde rien, ne compromet rien, opère la transformation peu à peu, ne donne jamais une liberté sans exiger en échange une garantie, et n'ordonne jamais un sacrifice sans en apporter la compensation. Certes, nul n'est plus frappé que moi des services immenses que pourraient rendre à l'œuvre difficile dont nous nous occupons le concours et l'appui des propriétaires d'esclaves. Mais la vérité pouvait se passer de cet argument, et j'aurais éprouvé un regret profond si, en y mêlant des considérations de ce genre, j'avais pu donner à une conviction assise sur la nature même des choses, l'apparence d'une concession faite aux menaces et aux préjugés des personnes.

ISBN : 978-1548794934

Agénor de Gasparin